**PAIDEIA
ÉDUCATION**

MIXTE
Papier issu de sources responsables
Paper from responsible sources
FSC® C105338

GOETHE

Les Souffrances du jeune Werther

Analyse littéraire

© Paideia éducation.

22 rue Gabrielle Josserand - 93500 Pantin.

ISBN 978-2-75930-465-3

Dépôt légal : Septembre 2023

Impression Books on Demand GmbH

In de Tarpen 42

22848 Norderstedt, Allemagne

SOMMAIRE

- Biographie de Goethe.. 9

- Présentation des *Souffrances du jeune Werther*........ 15

- Résumé du roman... 19

- Les raisons du succès... 39

- Les thèmes principaux.. 43

- Étude du mouvement littéraire................................. 49

- Dans la même collection... 53

BIOGRAPHIE DE GOETHE

Né le 28 août 1749 à Francfort (Allemagne), Johann Wolfgang von Goethe est le fils de Johann Caspar Goethe, juriste et conseiller impérial, et de Catharina Elisabeth Textor, issue de la noblesse de robe.

Tour à tour poète, romancier, théoricien de l'art et homme d'État, Goethe, que l'on rattache à deux mouvements littéraires, le *Sturm und Drang* d'une part, et le classicisme de Weimar, d'une autre, reçoit une éducation humaniste stricte de la part de son père, qui consiste en l'apprentissage des langues, telles que le grec ancien, l'hébreu, le français, l'anglais ou encore le latin, mais également de la danse, de l'escrime ou encore de l'équitation. Le jeune Goethe démontre certaines facilités à apprendre et se passionne, en outre, pour le dessin. Lors de la guerre de Sept ans, un officier français réside chez les Goethe : ce sera l'occasion pour le jeune garçon de découvrir la civilisation française.

En 1765, Goethe entre à l'université de Leipzig pour y étudier le droit. C'est durant cette période d'études qu'il publie ses premiers recueils de poésie : *Annette*, *Mélodies et Lieder dédiés à Mlle Frédérique Oeser*, *Nouveaux Lieder et Mélodies*, ou encore *Le Caprice de l'amant*. Il reste à Leipzig jusqu'en 1768, avant de rejoindre l'université de Strasbourg, de 1770 à 1771, pour y poursuivre ses études. Là-bas, il rencontre Johann Gottfried Herder et découvre des auteurs tels que Shakespeare ou Homère. C'est également à ce moment-là qu'il s'intéresse à l'harmonie qui existe entre la nature et la création artistique, ainsi qu'à la présence de Dieu dans l'évolution de l'univers. En 1772, il reçoit le titre de docteur et retourne à Francfort, où il est nommé avocat de la chambre impériale. Il devient ensuite magistrat à Wetzlar.

L'année suivante, Goethe continue à écrire. Il rédige d'autres drames, basés sur des personnages mythiques (*Mahomet*, *Prométhée*, ou encore les premières esquisses de *Faust*) ainsi qu'un poème intitulé *Geistesgruss*, qui est traduit en français par Madame de Staël. En 1774, tout juste âgé de 25 ans, le jeune homme devient célèbre dans l'Europe entière grâce à son roman épistolaire *Les Souffrances du jeune Werther*, inspiré de sa passion malheureuse pour Charlotte Buff.

En 1775, Goethe s'installe à Weimar, où il est attaché à la cour du duc Charles Auguste, avant d'obtenir le poste de conseiller secret de légation l'année qui suit. En 1779, il devient commissaire à la guerre et est anobli en 1782, avant d'être nommé à la direction des finances de l'État. Quatre années plus tard, il quitte secrètement le pays pour réaliser son rêve : découvrir l'Italie, qu'il affectionne tout particulièrement.

Goethe visite, entre autres, les villes de Vérone, Padoue, Venise, Bologne, Florence puis s'installe à Rome. Là-bas, il fréquente des peintres et des graveurs allemands et italiens, tels que Tischbein, Angelica Kauffmann ou encore Giovanni Volpato. Au printemps 1787, Goethe se rend dans le sud de l'Italie, puis en Sicile, où il visite beaucoup de temples et de ruines antiques.

En 1788, Goethe rentre d'Italie et s'installe à Weimar avec Christiane Vulpuis, qu'il épouse en 1806, et dont il a un fils, Auguste, seul survivant de ses cinq enfants. C'est au cours de cette période qu'il abandonne ses tâches administratives pour se consacrer à ses études scientifiques, à la publication de ses textes, ainsi qu'à la direction du Théâtre de Weimar.

En 1789 éclate la Révolution française. Goethe développe l'idée d'un idéal républicain qui permettrait de lutter contre l'égoïsme des classes dominantes. C'est cependant pour lui aux élites de mener ce combat qui doit réussir à concilier monarchie et république. L'écrivain rédige, dans le même temps, de nombreuses œuvres qui font état de ses conceptions morales et politiques : des pièces telles que *Le Grand Cophte* ou *Le Citoyen-Général*, des poèmes comme *Les Heures* ou *Épigrammes vénitiennes*, mais aussi un roman d'apprentissage : *Les Années d'apprentissage de Wilhelm Meister*. Son roman *Hermann et Dorothée* (1796-1797) a, lui, la Révolution française pour contexte historique.

En 1794, Goethe fait une rencontre décisive : il se lie d'amitié avec Schiller. Les deux poètes resteront amis jusqu'à la mort de ce dernier en 1805. Ils échangent une correspondance abondante et se stimulent l'un l'autre dans la création artistique. Trois ans après la mort de son ami, alors que l'Allemagne subit l'invasion napoléonienne, Goethe publie son premier *Faust*. Il commence alors la rédaction des *Affinités électives*, œuvre construite autour de la théorie chimique des affinités.

À la même époque, Goethe débute une œuvre autobiographique intitulée *Poésie et Vérité*. Une édition de ses œuvres en 20 volumes est également en cours d'élaboration et paraît entre 1815 et 1819.

En 1819 est publié le recueil *Le Divan occidental-oriental*, inspiré par un poète persan, Hafiz, suite à un épanchement amoureux pour Marianne von Willemer, alors que sa femme est décédée depuis 1816 et que son fils, marié en 1817, lui a donné des petits-enfants. C'est également en 1817 que Goethe abandonne la direction du Théâtre de Weimar. En 1819 sont jouées quelques scènes de *Faust* à Berlin. L'œuvre séduit, en outre, bon nombre de Français, grâce à Madame de Staël qui introduit cette pièce dans *De l'Allemagne*. Gérard de Nerval propose une traduction du premier *Faust*, que Goethe se plaît à lire.

En 1823, l'écrivain engage Jean-Pierre Eckermann comme secrétaire. Celui-ci raconte les neuf dernières années de la vie de l'auteur dans *Conversations avec Goethe*. Durant les dernières années de sa vie, Goethe continue de rédiger des textes. Il se consacre aux *Voyages de Wilhelm Meister* et travaille sur son deuxième *Faust*. En 1830, son fils décède. Deux ans plus tard, après avoir terminé Faust, Goethe meurt à son tour le 22 mars, dans sa maison de Weimar, âgé de 82 ans.

PRÉSENTATION DES SOUFFRANCES DU JEUNE WERTHER

Lorsque *Les Souffrances du jeune Werther* paraissent en 1774 à Leipzig en Allemagne, Goethe, jeune écrivain de 25 ans, est encore inconnu du grand public. Le roman rencontre un vif succès dès sa parution : les lecteurs s'arrachent l'œuvre et les critiques foisonnent dans les revues de l'époque.

Ce roman par lettres, dans lequel est décrite de manière originale la passion exacerbée que le personnage principal, Werther, porte à une jeune femme prénommée Charlotte, représente le premier texte allemand qui franchit les frontières de l'Allemagne.

Réédité à plusieurs reprises dès 1775, le roman connaît deux traductions françaises en 1776, avant de se répandre dans l'Europe entière. La fulgurance du succès de cette œuvre voit le jour dans un contexte artistique européen particulier, le romantisme, dont Goethe met en scène les thèmes essentiels dans ce roman épistolaire à la taille relativement modeste : l'importance de la nature, la passion amoureuse dans sa violence la plus totale, mais aussi la sensibilité, courant très présent en Europe au moment de la rédaction de l'œuvre.

RÉSUMÉ DU ROMAN

Livre Premier

4 mai 1771

Le jeune Werther écrit à son ami, dont on ignore pour l'instant le nom. Il lui promet de se concentrer désormais sur le présent plutôt que de ressasser sans cesse le passé. Werther lui demande d'indiquer à sa mère qu'il s'occupe de régler les questions d'héritage avec sa tante et l'informe qu'il se sent très bien à l'endroit où il s'est installé, et que les paysages et le jardin sont splendides.

10 mai

Werther est subjugué par la beauté des lieux où il réside et regrette de ne pouvoir la reproduire sur papier.

12 mai

Le jeune homme décrit le bourg où il vit, dont la beauté se rapproche de l'idée qu'il se fait du paradis.

13 mai

Werther ne souhaite pas que son ami lui envoie ses livres. Il préfère se consacrer à la lecture d'Homère.

15 mai

Werther fait la connaissance des gens du village, qui étaient méfiants à son égard. Il a prêté main-forte à une servante qui avait besoin qu'on l'aide à dresser une cruche sur sa tête.

17 mai

Le jeune homme continue de rencontrer des gens, qui sont « comme partout ». Il regrette sa dernière amie, plus âgée que lui et déjà décédée. Werther a fait la connaissance de deux personnes en particulier, depuis son arrivée : le jeune V…, fraîchement sorti de l'université, ainsi que le bailli du prince, veuf et père de neuf enfants.

22 mai

Werther réfléchit au sens de la vie. Il admet que les gens qui vivent au jour le jour, sans se poser de questions, sont les plus heureux. Mais les personnes qui sont capables de se projeter sont finalement celles qui détiennent la liberté.

26 mai

Werther a découvert le village de Wahlheim, non loin de là où il s'est établi. Il y apprécie le confort d'une petite place où il fait installer une table et une chaise appartenant à l'auberge du village et où il prend plaisir à lire Homère. Il y a observé deux jeunes enfants qu'il a dessinés.

27 mai

Werther revient sur les deux enfants qu'il a dessinés à Wahlheim. Il a également fait la connaissance de leur mère, qui était partie au village acheter du pain blanc pendant que Werther dessinait les petits. Il revient chaque jour à cet endroit pour les voir.

30 mai

Werther a été touché par un jeune homme qui lui a décrit avec poésie l'amour qu'il porte à une femme plus âgée que lui.

16 juin

Lors d'un bal organisé à la campagne, Werther fait la connaissance de Charlotte, par qui il est subjugué. Il narre les circonstances de leur rencontre à son ami et insiste particulièrement sur le moment où ils ont dansé ensemble. Werther découvre alors l'existence d'Albert, à qui Charlotte est promise.

19 juin

Werther continue de raconter l'épisode du bal à son ami, et notamment le retour à l'aube. Le jeune homme est si chamboulé de cette rencontre avec Charlotte qu'il en perd la notion du temps.

21 juin

Werther baigne dans un océan de bonheur depuis sa rencontre avec Charlotte et profite des joies que lui offre la nature.

29 juin

Werther dit à son ami Wilhelm tout le bien qu'il pense des enfants en général, et plus particulièrement des frères et sœurs de Charlotte.

1er juillet

Werther raconte combien Charlotte apporte d'apaisement aux personnes malades, notamment lors d'une visite au pasteur de Saint-…, qu'il fait avec elle. Le soir même, lors d'une conversation, le jeune homme expose son point de vue sur la mauvaise humeur et sur la capacité de procurer du bonheur aux personnes qui nous entourent. Il finit par pleurer et Charlotte lui reproche sa tendance à l'exaltation.

6 juillet

Après une promenade en compagnie de Charlotte, de Marianne, son amie malade, et de la petite Amélie, Werther et ses trois amies s'arrêtent près de la fontaine du village. Touché par la bonté de la petite, il la prend dans ses bras pour l'embrasser. Celle-ci, offusquée, se met à pleurer. Charlotte la nettoie dans l'eau de la fontaine.

8 juillet

Werther est troublé : en quittant Wahlheim, il a cherché les yeux noirs de Charlotte qui n'a pas daigné le regarder. Il a ensuite aperçu sa coiffure sortir par la portière et se demande si elle cherchait à le voir.

10 juillet

Werther constate à quel point il paraît bête lorsqu'on lui parle de Charlotte.

11 juillet

Charlotte révèle à Werther une conversation qu'elle a eue avec Madame M… : celle-ci lui a révélé qu'en raison de l'avarice de son mari, elle l'a trompé pendant trente ans.

13 juillet

Werther est convaincu que Charlotte l'aime.

16 juillet

Werther brûle d'amour pour Charlotte et se trouve absolument chamboulé en sa présence.

18 juillet

Werther ne peut pas aller voir Charlotte car il est retenu. Il envoie son domestique à sa place et éprouve un bonheur profond lorsqu'il imagine, au retour de celui-ci, que Charlotte a posé ses yeux sur lui.

19 juillet

Le désir quotidien qui habite Werther n'est autre que celui de voir Charlotte.

20 juillet

Werther refuse de partir pour accompagner l'ambassadeur, comme le souhaiterait sa mère.

24 juillet

Werther éprouve un bonheur tel qu'il n'arrive plus à dessiner. Il a tenté de représenter Charlotte à trois reprises, en vain, et s'est contenté de reproduire sa silhouette.

26 juillet

Werther répond à Charlotte et lui demande de ne plus mettre de sable dans ses lettres afin que celui-ci ne craque pas sous ses dents lorsqu'il porte la missive à ses lèvres.

28 juillet

Dans une lettre à Wilhelm, Werther explique qu'il essaie de trouver des raisons de ne pas aller voir Charlotte tous les jours, mais il n'y arrive pas.

30 juillet

Albert vient d'arriver. Werther jalouse cet homme aux qualités exemplaires et devient « fou à lier » lorsqu'il le sait en compagnie de Charlotte.

8 août

Werther n'arrive pas à prendre la décision de partir, même si c'est ce qu'il aurait de mieux à faire.

Le soir

Werther est tombé sur son journal, qu'il avait mis de côté, et réalise qu'il s'est consciemment mis dans une situation complexe par rapport à Charlotte.

10 août

Werther est apprécié de toute la famille de Charlotte, y compris d'Albert auprès de qui il aime apprendre des choses sur la vie de sa bien-aimée.

12 août

Werther part dans les montagnes quelques jours et demande à Albert de lui prêter ses pistolets. Ce dernier lui raconte alors une aventure : parti quelques temps à la campagne, il craignait une attaque. Il a demandé à son domestique de charger les pistolets, mais celui-ci, en badinant avec la servante, a blessé cette dernière. Depuis lors, Albert a peur des armes à feu. Werther et Albert continuent ensuite de converser, mais chacun restant figé sur ses avis, ils se quittent fâchés.

15 août

Werther prend plaisir à s'occuper des frères et sœurs de Charlotte à qui il raconte des histoires et donne le goûter.

18 août

Werther constate qu'il n'éprouve plus le plaisir qui était le sien à son arrivée lorsqu'il admirait le paysage. La nature lui cause désormais des emportements douloureux.

21 août

Le jeune homme désespère de ne pas recevoir de Charlotte

le même amour qu'il lui porte. Il réalise qu'il s'est mis dans une situation compliquée.

22 août

Werther n'a plus goût à rien. Il hésite à accepter le poste auprès de l'ambassadeur mais n'arrive pas à prendre la décision de partir.

28 août

C'est l'anniversaire de Werther. Il reçoit un cadeau d'Albert : une édition d'Homère qu'il désirait vivement. Werther s'émerveille de la bienveillance de ses amis.

30 août

Werther souffre de plus en plus chaque jour de sa passion pour Charlotte. Elle est devenue son unique centre d'intérêt. Il ne trouve de réconfort que lorsqu'il vagabonde la nuit dans la forêt et que des épines le blessent.

3 septembre

Werther souhaite partir loin de Charlotte.

10 septembre

Werther part le lendemain. Il n'en a informé personne et a réussi à le cacher à Charlotte et Albert, malgré le long après-midi que tous ont passé ensemble.

Livre Second

20 octobre 1771

Werther est arrivé auprès de l'ambassadeur la veille. Avoir un objectif quotidien l'aide à se sentir mieux et plus satisfait de lui-même.

26 octobre 1771

Werther commence à se plaire là où il est. Le travail l'occupe et il a fait la connaissance du comte de C... pour qui il éprouve un grand respect.

24 décembre 1771

Werther n'est pas satisfait de son travail auprès de l'ambassadeur qui est un homme détestable. Il se réconforte dans l'amitié qui le lie au comte de C... Werther s'offusque de la société et de ses codes dans laquelle il est désormais contraint d'évoluer.

8 janvier 1772

Werther critique la société dans laquelle il vit.

20 janvier

Dans une lettre à Charlotte, Werther explique que ses journées n'ont pas de sens. Il mentionne mademoiselle de B..., à qui il parle souvent de Charlotte.

8 février

Werther se réjouit du mauvais temps, que personne ne peut venir gâcher par de mauvaises nouvelles, comme c'est le cas les jours ensoleillés.

17 février

Werther et l'ambassadeur ne se supportent plus.

20 février

Dans une lettre à Albert, Werther le blâme de ne pas avoir été prévenu de son mariage avec Charlotte.

15 mars

Après un dîner, Werther est chassé du salon aristocratique du comte de C… Il maudit cette société et ses apparats.

16 mars

Werther apprend par mademoiselle de B… qu'il est détesté par toute la société aristocratique qu'il fréquente et qu'elle-même a dû essuyer des plaintes pour être amie avec lui. Werther ressent une forte rage et pense que la mort le délivrerait.

24 mars

Werther a donné sa démission à la cour et espère que celle-ci sera acceptée. Il charge Wilhelm de l'annoncer à sa mère. Il part en compagnie du prince de *** qui l'a convié dans ses terres.

19 avril

La démission de Werther a été acceptée. Le ministre, déçu de son choix, l'a congratulé et le prince lui a envoyé une récompense financière.

5 mai

Werther part le lendemain rejoindre le village où il est né et qu'il désire revoir.

9 mai

Werther retrouve le village de son enfance et constate les changements qui ont eu lieu depuis, en se remémorant certains souvenirs. Il loge dans la maison de plaisance du prince.

25 mai

Werther envisageait d'aller à la guerre mais le prince l'en a dissuadé.

11 juin

Werther s'ennuie auprès du prince. Il envisage de partir huit jours plus tard.

16 juin

Werther se considère comme un voyageur errant.

18 juin

Le jeune homme est retenu pour encore quinze jours chez le prince. Il ne sait pas où aller ensuite, mais souhaite se rapprocher de Charlotte.

29 juillet

Werther jalouse Albert. Il estime qu'il aurait été bien meilleur époux que lui.

4 août

Werther croise de nouveau la femme qu'il a rencontrée et dont il parle dans la lettre du 27 mai 1771. Elle lui apprend que son mari n'a rien rapporté de la guerre et que le plus jeune de ses fils est mort.

21 août

Werther aime à rêver qu'Albert meure. Il constate les changements qui ont eu lieu sur la route qui mène jusqu'à chez Charlotte et cela lui cause de la tristesse.

3 septembre

Werther ne comprend pas qu'un autre homme que lui puisse aimer Charlotte, tant son amour pour elle est unique.

4 septembre

Werther parle du jeune valet qu'il a rencontré dans la lettre du 30 mai 1771. Celui-ci a été chassé de la maison où il travaillait : débordant d'amour pour la fermière, il n'aspirait qu'à l'épouser et à faire sa vie avec elle. Mais un jour, la folie de son amour ayant pris le dessus, il a tenté de la violer. Werther craint de se reconnaître dans cette histoire.

5 septembre

Werther tombe par hasard sur une lettre que Charlotte adressait à Albert, lui demandant de revenir au plus tôt de la campagne.

6 septembre

Werther a fait refaire la tenue qu'il portait lorsqu'il a dansé avec Charlotte lors de leur première rencontre.

12 septembre

Charlotte a un nouvel animal de compagnie : un serin. Elle le présente à Werther, dont le cœur s'enflamme à la vue de la proximité et de la complicité de cette dernière avec son oiseau.

15 septembre

La femme du nouveau pasteur a fait abattre les deux noyers de Saint-… que Werther appréciait tant. Cela lui procure une colère ainsi qu'une tristesse sans pareil.

10 octobre

Voir les yeux noirs de Charlotte procure un plaisir immense à Werther.

12 octobre

Werther se prend d'affection pour les récits d'Ossian, au détriment de ceux d'Homère, dans lesquels il peut identifier sa douleur à celle du héros.

19 octobre

Werther rêve de pouvoir serrer Charlotte contre lui, pour remplir ce vide qui l'habite.

26 octobre

Werther se demande si Charlotte souffrirait de son absence, s'il venait à disparaître.

27 octobre

Le jeune homme se dit qu'on ne peut rendre heureux et aimer quelqu'un qui ne nous le rend pas.

Le soir

Sans Charlotte, le sens et la consistance de chaque chose disparaît.

30 octobre

C'est un supplice, pour Werther, de ne pouvoir posséder Charlotte.

3 novembre

Le soleil et la beauté des paysages n'agissent plus sur Werther. Il n'en tire plus aucun plaisir et rêve de s'endormir chaque soir et de ne pas se réveiller le lendemain.

8 novembre

Werther en vient à apprécier les reproches que Charlotte émet à son égard.

15 novembre

Werther réfléchit sur le pouvoir de la religion.

21 novembre

Le cœur de Werther s'est enflammé, lorsque pour la première fois, Charlotte l'a appelé « cher Werther ».

22 novembre

Le jeune homme s'adonne à des antithèses sur son amour pour Charlotte.

24 novembre

Werther a été troublé par le regard de Charlotte qui s'est révélé plus intense que d'habitude à son égard. Il est persuadé qu'elle sait combien il souffre d'amour pour elle.

26 novembre

Werther estime qu'il souffre d'une manière unique et que jamais personne n'a été tourmenté comme lui.

30 novembre

Werther fait la rencontre d'un homme qui parle d'un temps ancien où il était pleinement heureux. Il apprend de la mère de ce dernier que son fils est un fou qui a vécu à l'hospice.

1er décembre

Werther découvre que l'homme qu'il a rencontré était en fait commis chez le père de Charlotte et qu'il était fou d'amour pour elle.

4 décembre

Werther, après une journée passée en la compagnie de Charlotte, estime qu'il ne peut supporter cette situation qui le fait souffrir plus longtemps.

6 décembre

Werther souffre d'être obnubilé jour et nuit par Charlotte.

L'éditeur au lecteur

Werther s'est suicidé, ne supportant plus le désarroi dans lequel se trouvaient son âme et son cœur. L'éditeur propose au lecteur de rendre compte le plus fidèlement possible des derniers instants de Werther, à travers les lettres et témoignages qu'il a recueillis.

12 décembre

Werther ressent une rage telle qu'elle pourrait lui fendre la poitrine. Ses humeurs sont comparables aux torrents hivernaux qui déferlent dans les ruisseaux, et dans lesquels le jeune homme souhaite se jeter.

14 décembre

Charlotte occupe toutes ses pensées et chacun de ses rêves. Il souffre de cet amour vain et émet le souhait de partir.

20 décembre

Werther informe son ami Wilhelm qu'il accepte qu'il vienne le chercher. Il lui demande cependant d'attendre une quinzaine de jours ainsi qu'une nouvelle lettre de sa part qui fera état de sa situation.

Lors d'une visite à Charlotte, Werther lui lit des passages d'Ossian, parmi lesquels Colma, Ryno, Alpin. Dans un excès de folie, Werther prend ensuite Charlotte dans ses bras et la couvre de baisers. Celle-ci le répudie.
Le lendemain, Werther décide de mettre fin à ses jours, avant quoi il rédige une lettre enflammée à Charlotte, dans laquelle il lui déclare son amour et lui annonce qu'il va mourir.
Vers onze heures, Werther fait passer un billet à Albert, le priant de lui prêter ses pistolets pour un voyage qu'il compte faire.
Après avoir récupéré les pistolets d'Albert et réglé

quelques affaires, Werther rédige une lettre d'adieu à son ami Wilhelm.

À la tombée de la nuit, le jeune homme rédige une dernière lettre d'adieu à l'attention de Charlotte et fait état de ses dernières volontés.

Le lendemain, vers six heures, le domestique de Werther le découvre étendu au sol, avec les pistolets d'Albert : il s'est tiré une balle dans la tête, mais n'est pas encore mort. Il est placé dans son lit et condamné à mourir, chacun attend sa fin. Werther décède à midi et est enterré le soir même, à minuit.

LES RAISONS
DU SUCCÈS

Le succès des *Souffrances du jeune Werther* tient à la fois à son aspect traditionnel et à son originalité. Au moment de sa publication, la forme épistolaire est bien connue du grand public, qui apprécie de découvrir une histoire à travers les yeux et les ressentis d'un personnage particulier.

Le roman par lettres est une des formes romanesques les plus répandues au XVIIIe siècle. En effet, dès 1669 sont publiées *Les Lettres portugaises*, prétendument attribuées à un certain Guilleragues. Suivront ensuite, entre autres, *Les Lettres persanes* de Montesquieu en 1721, ainsi que les grands romans à succès de Richardson : *Pamela*, en 1740, ou encore *Clarissa* en 1747-1748. À partir de 1750, cette forme se répandra dans l'Europe entière, qui voit dans le même temps se développer l'esprit des Lumières, et se retrouve dans d'autres œuvres telles que *Les Liaisons dangereuses* de Laclos en 1782.

Les écrivains du siècle des Lumières vont chercher, dans le roman épistolaire, à cerner les différents états de l'émotion ainsi que les soubresauts de l'âme, notamment parce que l'intrigue romanesque est appréhendée à travers un nombre restreint de personnages, offrant, en outre, un caractère quasi-instantané aux événements qui sont racontés.

C'est justement parce que la lettre est le lieu propice à la description précise de toutes les passions et des mouvements intérieurs (Laclos fait d'ailleurs dire à Danceny dans une lettre des *Liaisons dangereuses* : « Une lettre est le portrait de l'âme »), que Goethe va l'employer et lui conférer un caractère absolument novateur et moderne. L'exaltation des sentiments est, en effet, poussée à l'extrême par l'auteur, qui la mène jusqu'à son paroxysme : la disparition du personnage principal.

Dans *Les Souffrances du jeune Werther*, la passion est donc présentée dans sa violence la plus absolue puisqu'elle conduit au suicide de Werther, qui rompt avec toutes les règles de bienséance de l'époque, qu'elles soient morales, sociales ou encore religieuses.

À cet égard, il est d'ailleurs intéressant de constater à quel point passion et souffrance sont liées, d'un point de vue étymologique, dans le titre original de l'œuvre, *Die Leiden des jungen Werther*. En effet, *Leiden* qui signifie « souffrance » en allemand est également à l'origine du mot *Leidenschaft*, qui, lui, signifie « passion ».

LES THÈMES
PRINCIPAUX

Le rapport à la nature occupe une place primordiale dans *Les Souffrances du jeune Werther* et demeure étroitement lié à la passion amoureuse vécue par le protagoniste. Celle-ci naît au printemps, lors d'un bal organisé à la campagne. Et, à compter de ce moment, Goethe n'aura de cesse de créer un lien entre les différentes saisons et les sentiments de Werther : au printemps, les lettres de son personnage se font lumineuses ; en été, la chaleur excessive est nettement mise en rapport avec la passion ardente qui habite Werther ; à l'arrivée de l'automne, « de même que la nature s'incline vers l'automne, l'automne commence en moi et autour de moi. Mes feuilles jaunissent, et déjà les feuilles des arbres sont tombées » (lettre du 4 septembre 1772). En hiver, enfin, peu de temps avant de mettre fin à ses jours, l'inondation de la vallée inspire au protagoniste des envies suicidaires. Il écrit, dans la lettre du 12 décembre 1772 : « Je me perdais dans l'idée délicieuse d'y précipiter mes tourments, mes souffrances ! de déferler et de mugir comme les vagues ! » Les saisons se succèdent, révélant les différentes inclinations du personnage : au printemps et à l'été 1771, Werther aime à lire Homère et ses textes empreints du soleil méditerranéen. Lorsqu'arrivent l'automne puis l'hiver, le personnage ne se reconnaît plus que dans les textes beaucoup plus tourmentés d'Ossian.

Et c'est précisément dans ce rapport de miroir entre la nature et le protagoniste que se met en place la violence de la passion werthérienne. En effet, cette dernière se manifeste à de nombreuses reprises, et engendre, à chaque fois, une véritable souffrance physique. « Oh ! quel feu court dans toutes mes veines lorsque par hasard mon doigt touche le sien, lorsque nos pieds se rencontrent sous la table », peut-on lire dans la lettre du 16 juillet 1771. Et un peu plus loin, encore : « Tout désir se tait en sa présence. »

Le corps tient une place essentielle dans l'ensemble du roman, bien qu'il soit régulièrement meurtri par la passion, révélant des blessures intenses et un « vide affreux » chez Werther. Lorsqu'Albert entoure Charlotte de son bras : « Un frisson parcourt tout [son] corps » (lettre du 29 juillet 1772). La possession charnelle de cette dernière devient une obsession pour Werther, qui en souffre considérablement. Pourtant, à aucun moment elle ne se concrétise, elle demeure de l'ordre du rêve, du fantasme, laissant au personnage son cœur pour lui-même. C'est en cela que *Les Souffrances du jeune Werther* mettent au jour une certaine sensibilité, caractéristique de l'Europe du XVIIIe et du XIXe siècles.

La valorisation du cœur, terme employé à de très nombreuses reprises dans l'ensemble du roman, permet au personnage de se replier sur lui-même. En choisissant la forme épistolaire et en racontant les événements du seul point de vue de Werther, Goethe permet à son protagoniste de faire de son intériorité un élément inaliénable et que personne ne peut remettre en question. Aussi, Werther écrit-il le 9 mai 1772 : « Mon cœur qui fait ma seule fierté et qui est seul la source de tout, de toute force, de tout bonheur et de toute misère. Ah ! ce que je sais, tout le monde peut le savoir – mais mon cœur n'est qu'à moi. »

La sensibilité de Werther peut être perçue comme positive. Mais à travers cette dernière phrase, on réalise surtout à quel point elle met en place une sorte de barrière entre le personnage et la société qui l'entoure : nul ne peut pénétrer le cœur de Werther, ne peut comprendre ce qui s'y joue, hormis les auteurs qu'il lit et en qui il se reconnaît. La brève lettre du 26 novembre 1772 semble parfaitement illustrer cette sensibilité exacerbée : « Quelquefois, je me dis : "Ta destinée est unique : tu peux estimer tous les autres heureux ; jamais mortel ne fut tourmenté comme toi." Et puis je lis quelque ancien poète ; et c'est comme si je lisais dans mon propre cœur. J'ai tant à souffrir ! Ah ! Y-a-t-il eu avant moi des hommes aussi malheureux ! »

ÉTUDE DU MOUVEMENT LITTÉRAIRE

Pour bien saisir l'enjeu des *Souffrances du jeune Werther*, il faut incontestablement replacer l'œuvre dans son contexte littéraire, à savoir le romantisme. Né en Allemagne et en Angleterre autour des années 1750, ce mouvement n'a cessé de se répandre dans toute l'Europe au XIXe siècle, et notamment en France.

En effet, de nombreux écrivains français nés dans les années 1820, tels que Baudelaire ou Flaubert, ont été marqués par le romantisme de leur jeunesse. Et, bien qu'il soit complexe de donner une définition précise de ce courant littéraire, il est tout de même possible d'en esquisser les principales caractéristiques.

Tout comme on peut le constater à la lecture de *Werther*, le romantisme se manifeste par l'épanouissement du lyrisme personnel, et plus encore par l'exaltation du moi profond. L'expression des sentiments, et plus généralement la peinture des affres de la passion, deviennent les thèmes essentiels du romantisme.

Valorisant l'imagination ainsi que la sensibilité, plutôt que la raison classique, ce courant implique une communion sans pareille avec la nature. Ainsi, bon nombre de descriptions dites « romantiques » de paysages deviendront le miroir de l'âme des écrivains et de leurs personnages, empreints du « mal du siècle ». Là encore, on retrouve le désarroi de Werther, prêt à se jeter dans les torrents agités de l'hiver.

Le romantisme est également l'occasion pour les écrivains de défendre la libération de l'art, engagée par la querelle des Modernes et des Anciens au XVIIe siècle et qui s'est poursuivie au XVIIIe siècle avec l'esprit des Lumières, en rejetant toujours davantage les règles de la tragédie antique : c'est la bataille d'*Hernani*, de Victor Hugo, jouée au Théâtre-Français en 1830, qui pose les règles du drame romantique.

En outre, tout, désormais, peut devenir sujet en poésie, qui peut s'exprimer en prose ou en vers, et qui rejette le langage noble. Plus largement, c'est l'art, dans son entièreté, qui est marqué par le mouvement romantique : *Le Radeau de la Méduse* de Géricault (1819) est un véritable manifeste du romantisme et Chopin et Berlioz deviendront deux grands maîtres de la musique romantique.

D'autres pousseront l'expérience du romantisme à l'extrême, ouvrant déjà la voie au symbolisme : c'est, notamment, le spleen baudelairien, apogée du mal du siècle, que l'on trouve dans *Les Fleurs du Mal* (1857).

DANS LA MÊME COLLECTION
(par ordre alphabétique)

- **Anonyme**, *La Farce de Maître Pathelin*
- **Anouilh**, *Antigone*
- **Aragon**, *Aurélien*
- **Aragon**, *Le Paysan de Paris*
- **Austen**, *Raison et Sentiments*
- **Balzac**, *Illusions perdues*
- **Balzac**, *La Femme de trente ans*
- **Balzac**, *Le Colonel Chabert*
- **Balzac**, *Le Lys dans la vallée*
- **Balzac**, *Le Père Goriot*
- **Barbey d'Aurevilly**, *L'Ensorcelée*
- **Barbey d'Aurevilly**, *Les Diaboliques*
- **Bataille**, *Ma mère*
- **Baudelaire**, *Les Fleurs du Mal*
- **Baudelaire**, *Petits poèmes en prose*
- **Beaumarchais**, *Le Barbier de Séville*
- **Beaumarchais**, *Le Mariage de Figaro*
- **Beauvoir**, *Mémoires d'une jeune fille rangée*
- **Beckett**, *En attendant Godot*
- **Beckett**, *Fin de partie*
- **Brecht**, *La Noce*
- **Brecht**, *La Résistible ascension d'Arturo Ui*
- **Brecht**, *Mère Courage et ses enfants*
- **Breton**, *Nadja*
- **Brontë**, *Jane Eyre*
- **Camus**, *L'Étranger*
- **Carroll**, *Alice au pays des merveilles*
- **Céline**, *Mort à crédit*

- **Céline**, *Voyage au bout de la nuit*
- **Chateaubriand**, *Atala*
- **Chateaubriand**, *René*
- **Chrétien de Troyes**, *Perceval ou le conte du Graal*
- **Chrétien de Troyes**, *Yvain ou le Chevalier au lion*
- **Cocteau**, *La Machine infernale*
- **Cocteau**, *Les Enfants terribles*
- **Colette**, *Le Blé en herbe*
- **Corneille**, *Le Cid*
- **Crébillon fils**, *Les Égarements du cœur et de l'esprit*
- **Defoe**, *Robinson Crusoé*
- **Dickens**, *Oliver Twist*
- **Du Bellay**, *Les Regrets*
- **Dumas**, *Henri III et sa cour*
- **Duras**, *L'Amant*
- **Duras**, *La Pluie d'été*
- **Duras**, *Un barrage contre le Pacifique*
- **Flaubert**, *Bouvard et Pécuchet*
- **Flaubert**, *L'Éducation sentimentale*
- **Flaubert**, *Madame Bovary*
- **Flaubert**, *Salammbô*
- **Gary**, *La Vie devant soi*
- **Giraudoux**, *Électre*
- **Giraudoux**, *La Guerre de Troie n'aura pas lieu*
- **Goethe**, *Faust*
- **Gogol**, *Le Mariage*
- **Homère**, *L'Odyssée*
- **Hugo**, *Hernani*
- **Hugo**, *Les Misérables*
- **Hugo**, *Notre-Dame de Paris*
- **Huxley**, *Le Meilleur des mondes*
- **Jaccottet**, *À la lumière d'hiver*
- **James**, *Une vie à Londres*

- **Jarry**, *Ubu roi*
- **Kafka**, *La Métamorphose*
- **Kerouac**, *Sur la route*
- **Kessel**, *Le Lion*
- **La Fayette**, *La Princesse de Clèves*
- **Le Clézio**, *Mondo et autres histoires*
- **Levi**, *Si c'est un homme*
- **London**, *Croc-Blanc*
- **London**, *L'Appel de la forêt*
- **Maupassant**, *Boule de suif*
- **Maupassant**, *Le Horla*
- **Maupassant**, *Une vie*
- **Molière**, *Amphitryon*
- **Molière**, *Dom Juan*
- **Molière**, *L'Avare*
- **Molière**, *Le Malade imaginaire*
- **Molière**, *Le Tartuffe*
- **Molière**, *Les Fourberies de Scapin*
- **Musset**, *Les Caprices de Marianne*
- **Musset**, *Lorenzaccio*
- **Musset**, *On ne badine pas avec l'amour*
- **Perec**, *La Disparition*
- **Perec**, *Les Choses*
- **Perrault**, *Contes*
- **Prévert**, *Paroles*
- **Prévost**, *Manon Lescaut*
- **Proust**, *À l'ombre des jeunes filles en fleurs*
- **Proust**, *Albertine disparue*
- **Proust**, *Du côté de chez Swann*
- **Proust**, *Le Côté de Guermantes*
- **Proust**, *Le Temps retrouvé*
- **Proust**, *Sodome et Gomorrhe*
- **Proust**, *Un amour de Swann*

- **Queneau**, *Exercices de style*
- **Quignard**, *Tous les matins du monde*
- **Rabelais**, *Gargantua*
- **Rabelais**, *Pantagruel*
- **Racine**, *Andromaque*
- **Racine**, *Bérénice*
- **Racine**, *Britannicus*
- **Racine**, *Phèdre*
- **Renard**, *Poil de carotte*
- **Rimbaud**, *Une saison en enfer*
- **Sagan**, *Bonjour tristesse*
- **Saint-Exupéry**, *Le Petit Prince*
- **Sarraute**, *Enfance*
- **Sarraute**, *Tropismes*
- **Sartre**, *Huis clos*
- **Sartre**, *La Nausée*
- **Senghor**, *La Belle histoire de Leuk-le-lièvre*
- **Shakespeare**, *Roméo et Juliette*
- **Steinbeck**, *Les Raisins de la colère*
- **Stendhal**, *La Chartreuse de Parme*
- **Stendhal**, *Le Rouge et le Noir*
- **Verlaine**, *Romances sans paroles*
- **Verne**, *Une ville flottante*
- **Verne**, *Voyage au centre de la Terre*
- **Vian**, *J'irai cracher sur vos tombes*
- **Vian**, *L'Écume des jours*
- **Voltaire**, *Candide*
- **Voltaire**, *Micromégas*
- **Voltaire**, *Zadig*
- **Zola**, *Au Bonheur des Dames*
- **Zola**, *L'Argent*
- **Zola**, *L'Assommoir*
- **Zola**, *Nana*